ADAMELLO
Adda
Brembo
Serio
Oglio
Sarca
TRENTE
ARCO
RIVA
Torbole
Limone
LAC D'IDRO
Lovere
Castro
Pisogne
Riva
di Solto
LAC D'ISEO
Marone
Tavernola
Marasino
RGAME
Sarnico
Ile de Montisola
Iseo
Provaglio
Pieve di
Tremosine
Malcesine
LAC DE GARDE
Gargnano
Adige
Gardonne Riviera
Maderno
SALÓ
Iles
Garda
GARDA
BRESCIA
S.Giglio
Bardolino
Sirmione
Lazise
Desenzano
VÉRONE
Peschiera
Solferino
Mincio

L'enchantement des lacs italiens

Amical souvenir de l'auteur

Gérard Perthuis

L'enchantement des lacs ITALIENS

Directeur de collection
Emmanuel Braquet

ÉDITIONS A. BARTHÉLEMY, AVIGNON

Illustration de couverture : le lac Orta

ISBN 2-87923-103-5 / ISSN 1158-6788

"Que dire du lac Majeur,
des îles Borromées, du lac de Côme,
sinon plaindre les gens qui n'en sont pas fous ? "

STENDHAL

Je dédie ce livre à **Christian Thiebaut**
mon fidèle compagnon de voyage
sans qui ce livre n'aurait pas vu le jour

Gérard Perthuis

D'ascendance alsacienne, Gérard Perthuis est né près de Paris. Passionné de géographie et d'images, voyageant beaucoup, la fréquentation assidue d'un club de photographes-amateurs lui fait attraper le "virus du cinéma". C'est ainsi, que profondément contaminé par le "Septième Art", il se lance dans le long métrage culturel et réalise trois films : le Rhin, le Danube et le Tyrol.

Puis il entreprend une carrière de cinéaste-conférencier indépendant, qui devait durer vingt ans, et au cours de laquelle il ne ménagea pas sa peine, puisqu'il enfanta huit autres films.

Enfin, le film ainsi que cet ouvrage sur les lacs italiens, est le fruit de deux années de travail et montre l'attachement que son l'auteur porte à tout ce qui est nature, art et histoire.

Chers amis lecteurs, permettez-moi de vous remercier d'avoir fait l'acquisition de ce modeste ouvrage. Ce geste traduit bien l'intérêt que vous portez à cette très belle région du nord de l'Italie.

J'espère et je suis certain de faire œuvre particulièrement utile en essayant de brosser un humble tableau de ces merveilles de la nature que sont le lac de Garde, le lac de Côme, le lac Majeur, le lac de Lugano et quelques satellites comme ceux d'Iseo et d'Orta.

On reste fasciné par les rives d'une exceptionnelle beauté du lac de Garde.

On se prend à rêver devant l'enchantement des îles Borromées.

On reste confondu devant toutes ces belles demeures construites par l'aristocratie et la haute bourgeoisie milanaises sur les bords du lac de Côme.

Et n'oublions pas non plus l'humain, toujours d'une surprenante amabilité et d'une émouvante hospitalité.

Je souhaite que ces quelques notes parsemées d'images soient le déclic d'un prochain voyage dans ce merveilleux pays d'Italie.

L'auteur et son épouse. Yvette et Gérard Perthuis

Chapitre I

Les lacs subalpins

Jardin de la villa Melzi, kiosque à musique

Au nord de l'Italie, entre la plaine du Pô et le versant méridional des Alpes, s'étale une série de lacs, vantés depuis des siècles pour la douceur de leur climat et l'extraordinaire beauté de leurs rives, dont la végétation luxuriante rivalise avec celle de la Riviera.

Ils occupent l'emplacement des fjords d'une mer qui submergeait autrefois la plaine du Pô, dépressions comblées d'eau douce après le recul des glaciers qui s'étaient avancés jusqu'à la plaine lors des périodes glaciaires.

Six de ces merveilles de la nature sont célèbres : le lac Majeur ou Verbano, le lac de Côme ou Lario, le lac de Garde ou Benaco, le lac de Lugano ou Ceresio, le lac d'Orta ou Cusio et le lac d'Iseo ou Sebino. Ce sont aussi les plus vastes, et leurs trop-pleins alimentent le Pô, fleuve se jetant dans l'Adriatique.

Villa-hôtel Serbelloni à Bellagio, lac de Côme

Jardin de la villa Melzi, lac de Côme

San Giovanni, lac Majeur.

Jardin de la villa Taranto

Grottes de Catulle, lac de Garde

Lac de Ledro, maison palafitte

AU FIL DES TEMPS

Il est à peu près certain que dès l'âge du bronze - ce qui remonte à plus de trois mille années - la région des lacs était habitée par des populations qu'on suppose être de souche ligure. Il est également probable que les Étrusques, ainsi que des tribus gauloises, leur succédèrent.

C'est au IIe siècle avant notre ère que la contrée fut colonisée par les Romains, qui y créèrent des centres fortifiés, reliés entre eux par des routes, et que de riches patriciens y firent construire d'importantes villas.

À partir du IVe siècle, le christianisme s'y propagea rapidement, mais les invasions barbares ne tardèrent point à troubler la quiétude du pays, et Ostrogoths, Wisigoths, Burgondes, Lombards et Francs se suivirent jusqu'à l'époque de la féodalité, qui ouvrit l'ère des interminables conflits entre laïcs et ecclésiastiques, entre grands et petits vassaux, entre le pape et l'empereur.

Suivit l'époque des "Communes", c'est-à-dire des villes dotées de statuts particuliers que les familles seigneuriales reconnaissaient de plus ou moins bon gré. Par contre, cet état de fait engendra de nombreux conflits entre cités, allant, comme à la Comacina, jusqu'à des destructions radicales réciproques. Pourtant cette période fut assez faste pour le développement artistique de ces régions. De nombreuses églises romanes qui en sont originaires montrent encore les beaux clochers caractéristiques de ce temps.

Au XIVe siècle, la contrée fut incorporée au duché de Milan, puis se vit rognée par les Suisses, qui s'emparèrent de plusieurs territoires, de langue et de civilisation italiennes, qu'ils ne devaient plus lâcher par la suite.

Au XVe siècle, Venise s'implanta pour plus de trois cents ans dans une partie de la région, qui devint le théâtre des luttes opposant la Sérénissime aux Visconti, puis aux Sforza.

Rite du feu dans l'île de la Comacina, lac de Côme

À partir des débuts du XVIe siècle, les lacs connurent une longue période de paix qui favorisa, elle aussi, le développement des arts. Plusieurs corporations de maîtres-maçons, de fresquistes et de décorateurs se rendirent célèbres et portèrent au loin le fruit de leur talent.

Le baroque, un style exubérant, est encore particulièrement bien représenté dans le pays des lacs, surtout par d'innombrables palais trônant au milieu de parcs somptueux, et aussi par l'aménagement intérieur de nombreuses églises.

Mais, au début du XVIIIe siècle, s'amorça la décadence de Venise, et la région ne tarda pas à être envahie par des armées étrangères qui s'y affrontaient.

En 1797, la domination autrichienne fut instaurée en Lombardie et en Vénétie. En 1859, cette terre fut à nouveau ensanglantée, Napoléon III y livrant plusieurs batailles contre les Autrichiens : Turbigo, Magenta, Solferino... Et, en 1866, la Lombardie fut enlevée à l'Autriche.

Sirmione

Sirmione, château des Scaligeri

Lac de garde Grottes de Catulle
vue pris des grottes de catulle

La Première Guerre mondiale ne marqua pas sensiblement la région. Mais, vers la fin de la Seconde, Saló et Gargnano, au bord du lac de Garde, furent le siège du gouvernement de l'éphémère "République sociale" de Mussolini.

Et Dongo ainsi que Mezzegra virent l'exécution sommaire de Clara Petacci, du Duce et de plusieurs ministres de son gouvernement.

Depuis la fin du dernier conflit, toute cette région des lacs connaît un énorme développement de l'activité touristique.

Torri del Benaco

La Sarca, lac de Garde

Lac de Garde, vu de la villa Carlotta

Chapitre II

Le lac de Garde

Réputé pour la belle couleur et la limpidité de ses eaux, la variété et la splendeur de ses paysages, le lac de Garde est alimenté par la Sarca, une petite rivière venue de l'Adamello. Son seul émissaire étant le Mincio, qui le quitte au sud, à Peschiera, et poursuit sa route vers le Pô, en serpentant non loin des célèbres champs de bataille de 1859 dominés par la fameuse tour de Solferino qui fut le témoin de combats si rudes, si âpres et si meurtriers qu'ils causèrent la perte de quarante mille hommes et la dévastation de toute la contrée avoisinante.

Mais laissons là ces tristes événements du passé, et revenons à notre sujet : ce lac de Garde, appelé aussi Benaco, le plus grand de l'Italie.

Commençant comme un fjord et finissant comme une mer intérieure, il s'étend sur plus de 50 kilomètres de longueur, et sa largeur varie entre 2 et 20 kilomètres.

C'est par Torbole que, comme Goethe en 1786, nous commencerons notre visite de ses rives ensoleillées.

Une quinzaine de kilomètres le long de la Gardesana orientale, ou bien quelques minutes à bord d'un aliscaphe, beaucoup trop rapide à mon avis, et nous serons en vue de Malcesine, dont le château crénelé, bondissant de son rocher, valut quelques ennuis à Goethe. En effet, le célèbre écrivain était occupé à le dessiner, lorsqu'il fut arrêté comme espion par un argousin. Heureusement très vite reconnu, notre voyageur put regagner l'hôtel San Marco où il séjourna deux jours.

Le Benaco est également connu pour l'exploit sensationnel des Vénitiens qui, en 1439, y débarquèrent une flottille, qu'ils avaient transportée à travers les montagnes, pour aller surprendre les Visconti, ce qui leur permit de s'emparer du lac et de le dominer pendant plus de trois siècles !

Très fréquentées par les étrangers, il est évident qu'en été ces rives sont le domaine de tous ceux qui éprouvent un grand plaisir à se faire dessécher les poumons !

Lac de Garde

Darse de Sirmione

Nous nous trouvons à présent dans cette partie du lac, la plus majestueuse, peut-être, si on la regarde d'un village dominant, Torri del Benaco, un site qui fut particulièrement apprécié par André Gide lorsqu'il y séjourna en septembre 1948, et que garde la noble silhouette d'un grand château dentelé.

À partir d'ici le lac commence à s'élargir et change bientôt d'aspect, pour prendre celui d'une véritable mer intérieure.

Et nous sommes en vue de Garda, la petite cité qui a donné son nom au lac et qui s'allonge au pied de verdoyantes collines.

Elle conserve encore ses vieilles ruelles d'autrefois, si pittoresques, si animées, bordées de hautes maisons, ainsi qu'un vénérable palais de style vénitien.

Les murailles rougeâtres du château de Lazise et les formidables remparts de la bourgade dégagent toujours cette impression de force et de rudesse qu'on retrouve presque aussitôt en face des tours et du donjon de la puissante forteresse des Scaligeri de Sirmione, se mirant dans les eaux de la darse, toujours encombrées d'embarcations de toutes sortes, comme les rues de la ville le sont de badauds de toutes origines.

Sirmione possède aussi une petite chapelle du VIIIe ou IXe siècle, ce qui n'est pas mal, mais peu de chose auprès des "Grottes de Catulle", belles ruines éparpillées au milieu des oliviers garnissant l'extrême pointe de la presqu'île, qui, elles, datent du Ier siècle avant notre ère, et sont probablement les restes de l'immense villa du poète latin, mort en 54 av. J.-C.

Un saut de puce à travers l'immensité bleu sombre nous plante devant l'île de Garde, une propriété jalousement gardée par les princes Borghese, qui y firent bâtir un magnifique palais de goût vénitien, et dessiner un parc de rêve.

Non loin de là, s'étend un golfe étroit mais profond s'enfonçant jusqu'à Saló, une petite ville qui fut deux fois capitale - celle de la *Magnifica Patria* des Vénitiens, et, plus récemment, celle de l'éphémère "République sociale" du Duce - mais qui n'est plus aujourd'hui que celle des lauriers-roses.

C'est à partir du 8 septembre 1943 que s'y installèrent plusieurs ministères et secrétariats du gouvernement de Mussolini, qui résidait, lui, à Gargnano, y occupant le somptueux palais Feltrinelli, à présent maison de campagne d'un riche Milanais !

Autre ornement de cette rive du lac, le grandiose palais Bettoni, dont la longue façade se mire dans le bleu intense des eaux, qui se teintent parfois de délicates nuances vert tendre lorsqu'elles caressent la base des pentes garnies de curieuses serres étagées, tout à fait caractéristiques de la région, où l'on aperçoit, entre les piliers de pierre, les plantations de citronniers.

À partir d'ici, où la montagne tombe à pic dans le lac, commence la partie la plus impressionnante du Benaco, parcourue par la Gardesana occidentale, une route fameuse, ondulant au ras de l'eau ou s'agrippant à la paroi rocheuse, et offrant d'admirables vues plongeantes.

Deux audacieuses ramifications de l'artère principale mènent à grand renfort de virages sur les hauts plateaux du Tignale et de Tremosine, suspendus à 400 mètres au-dessus du précipice, d'où nous reprendrons la vertigineuse descente en direction de la Gardesana et de l'impressionnante route du Ponale, surplombant le lac au nord de Limone.

Palais Feltrinelli

Procession sur le lac

Lac de Garde

Torbole

Parvenu à l'entrée de la gorge qui donne accès au val di Ledro, on reste saisi par la sublime beauté, l'incomparable grandeur du paysage offert par le sommet de cet immense rocher plongeant à pic dans les eaux du Benaco.

Mais il nous faut pousser un peu plus loin, jusqu'au ravissant lac de Ledro, au bord duquel a été reconstituée une habitation palafitte, cernée par d'innombrables pilotis remontant à l'âge du bronze.

Et bientôt nous sommes en vue de Riva, qui couronne le lac au septentrion, et dont le décor et la douceur du climat attirent chaque année de nombreux touristes étrangers.

Très pittoresque, la petite cité s'est développée autour d'un noyau médiéval dominé par une superbe tour de garde veillant sur le port et les maisons d'alentour.

Il ne nous reste plus qu'à jeter un coup d'œil sur le magnifique château ruiné d'Arco, trônant sur sa falaise verticale, au milieu de ses cyprès noirs.

Et notre périple autour de cette merveille de la nature qu'est le Benaco, ne sera déjà plus qu'un agréable souvenir !...

Île de Garde

Palais vénitien à Garda

Plantation de citronniers

Arco

Chapitre III

Le lac d'Iseo

Redevable de son nom à une banale localité de la rive méridionale, ce lac a la particularité de posséder la plus grande île lacustre d'Italie : la Montisola, comptant près de 9 kilomètres de tour et culminant à 599 mètres d'altitude, soit à plus de 400 mètres au-dessus des flots !

Quatre ou cinq petits ports y réunissent à grand-peine quelques centaines d'habitants ; celui de Peschiera-Maraglio étant le plus important, constamment animé par le mouvement des barques et des services réguliers qui le relient à la terre ferme.

Au nord de l'île, un minuscule village est le domaine réservé de pêcheurs professionnels, car ces eaux claires, comme celles de la plupart des autres lacs, sont encore très poissonneuses, hantées par des espèces fines, comme les truites et les lavarets, mais aussi par une incroyable quantité de menu fretin que des marchands ambulants font sécher sur des claies avant de le préparer.

Ou, plus bizarrement encore, sur des cadres plantés au milieu de l'eau, ce qui les protège sûrement des passants mais peut-être pas des mouettes !...

Lovere

Une route entrecoupée de tunnels nous projette à l'extrémité septentrionale du lac, là où bifurquent deux importantes voies de communication, l'une conduisant au val Camonica, connu pour ses fameuses incisions rupestres de l'âge du bronze, et l'autre qui se dirige vers le sud en traversant Lovere, une charmante petite cité, toujours très animée, où l'on découvre les premières maisons aux façades rayées de galeries, si typiques de cette région. Comme le sont aussi les étranges stratifications calcaires d'un défilé dantesque où la route, creusée à grand-peine dans les formidables rochers qui se dressent hors de l'eau, cherche sa voie vers des rivages plus avenants.

Notre rapide visite du lac trouvera son terme à Riva di Solto, une jolie bourgade, dont les carrières fournirent autrefois les marbres noirs de la basilique Saint-Marc de Venise, et qui est tout heureuse, aujourd'hui, de nous montrer ses ravissantes maisons dont les galeries contemplent un paysage que l'esthète grave à jamais dans l'album de ses souvenirs.

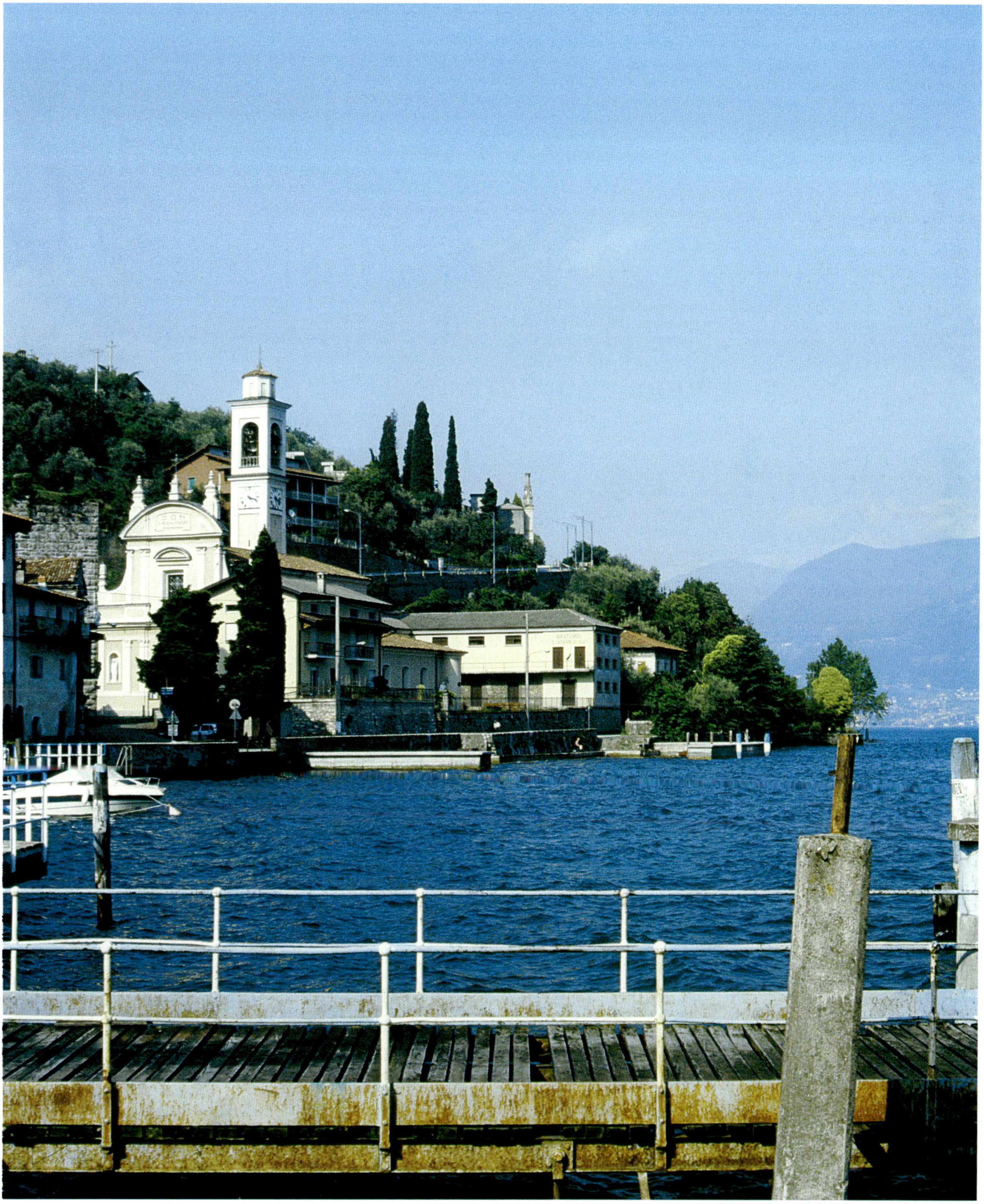

Cannobio

Broletto à Côme

Chapitre IV

Le lac de Côme

Appelé par Gabriel Fauré "le plus beau des lacs", ce séduisant Lario est formé par trois coupes de pur saphir, que chantèrent Virgile, Pline, Stendhal, et tant d'autres.

Coulé dans un magnifique écrin de hautes montagnes, long d'une cinquantaine de kilomètres, mais ne dépassant pas une lieue de largeur, nous aborderons cet incomparable joyau par le val d'Intelvi, qui le relie au Ceresio.

Ce val, longtemps célèbre pour ses maîtres-maçons, ses décorateurs, ses sculpteurs de pierres est une contrée verdoyante, fourmillante de villages, très fréquentés l'été par les gens de la plaine lombarde qui viennent y chercher la fraîcheur.

Dongo

Riva

Riva

Brienno, lac de Côme

Lezzeno, lac de Côme

La route qui le dessert finit à Argegno, l'une des bourgades les plus importantes de cette rive ouest du lac, que nous allons commencer par suivre jusqu'à Côme.

La localité possède une belle et grande église de style comasque, dont la blanche façade est ornée d'une rosace et d'une double fresque, de facture classique, représentant les quatre évangélistes.

L'antique Brienno, qui a les pieds dans l'eau et lui fait suite, est une de ces innombrables localités du lac où l'on ne fait que monter et descendre par d'étroites ruelles pavées de galets.

Son église, très ancienne, défigurée au cours des siècles, conserva longtemps les reliques, aujourd'hui disparues, de l'empereur Frédéric Barberousse, pourtant mort loin d'ici.

Très haut dans la montagne, au pied de laquelle grimpent les escaliers de Lalio, s'ouvre la grotte dénommée le *Buco del Orso*, où l'on découvrit récemment les restes de leur redoutable locataire des temps antédiluviens, l'ours des cavernes... dont quelques ossements pétrifiés sont conservés dans la salle des mariages du *municipio.*

Côme

Villa d'Este

À partir de Carate-Urio, située entre deux des endroits les plus étroits du lac, où la rive d'en face est à moins de 700 mètres, nous trouvons une série de petites villes véritablement soudées les unes aux autres, dont le fouillis des toitures se prolonge pratiquement jusqu'à Côme.

Moltrasio d'où nous apercevons la massive villa Taverna, fut un lieu de séjour fort apprécié par le compositeur d'opéras Bellini, qui y écrivit quelques-unes des plus belles pages de *la Somnambule.*

Cernobbio, qui succède à Moltrasio, est connue pour sa fameuse villa d'Este, une résidence prestigieuse qui a été transformée en un somptueux palace, où logent aujourd'hui des gens qui n'y auraient jamais été admis autrefois, même en tant que domestiques !

Les surprenantes architectures baroques du parc, caractérisant les jardins à l'italienne, y conservent leur aspect d'origine.

Une autre construction, plus imposante que réellement belle, la villa del Olmo, ancienne propriété des Visconti, montrant une façade rythmée de colonnes et de pilastres se reflétant dans un bassin, signale que nous venons d'entrer dans la ville qui a donné son nom

Villa d'Este

au lac, Côme, la plus importante agglomération du Lario, une cité fondée, dit-on, plus de trois cents ans avant Rome et comptant aujourd'hui près de cent mille âmes.

Elle a donné le jour à l'illustre physicien Volta, ce qui est bien, avant de lui élever un affreux mausolée néo-classique, ce qui est beaucoup moins bien !

En tout cas, je lui préfère nettement les restes de l'enceinte fortifiée, quelques très vieilles maisons bien typiques, ou, même, cette église ornée de colonnes provenant d'un édifice romain. Toutes choses contemporaines, ou peu s'en faut, du beffroi de ce sévère bâtiment du XIIIe siècle où les magistrats de la ville tenaient autrefois leurs réunions, et dont le gracieux balcon ajouré domine une longue place que ne renierait point Venise, un endroit où flânent nombreux ceux qui viennent y admirer le décor assez exceptionnel de l'ensemble monumental que forment la tour de garde, le Broletto romano-gothique et la magnifique cathédrale, fruit de quatre siècles de labeur, réunis en un seul bloc.

Côme - Mausolée Volta

La façade de ce dôme, patinée par le temps, semble tout d'abord assez nue. Pourtant, lorsqu'on y regarde d'un peu plus près, on s'aperçoit qu'elle est, en réalité, très décorée. En effet, ses quatre pilastres sont entièrement meublés de statues superposées, et de grandes figures de pierre alignées sous la rosace, toutes dues au ciseau d'artistes comasques, l'agrémentent.

La façade nord, de son côté, exhibe un portail richement décoré, et la coupole baroque qui couronne les toitures n'altère nullement l'harmonie générale du monument.

Revenus sur les quais de Côme, continuons donc notre visite du Lario par le promontoire d'une trentaine de kilomètres qui sépare les deux bras méridionaux du lac.

La route conduisant à l'extrême pointe de cette péninsule nous fait traverser Blevio, une localité agrémentée de nombreuses villas qui furent, à une certaine époque, le refuge d'artistes qui faisaient la gloire de la Scala de Milan. La plus célèbre de ces résidences étant la villa Ferranti où Bellini composa *la Norma* pour son amie, l'illustre cantatrice Giudita Pasta.

Rue de Côme

Suivent plusieurs communes assez prospères, dont les constructions étagées à flanc de coteau descendent jusqu'au lac, comme Torno, Nesso et Lezzeno, la plus étendue, montrant un oratoire orné d'une grande fresque moderne.

L'agglomération, qui a su préserver son existence paisible, n'en rejette pas pour autant le visiteur qui lui fait le plaisir de s'arrêter dans une de ces petites maisons dont l'hôtelier assure le ravitaillement grâce à un bon mulet et un solide traîneau, qui lui permettent de grimper, à pic, le long des escaliers.

Villa Ferranti

Et voici Bellagio, l'un des plus beaux sites d'Italie, disent certains. En tout cas, l'un des joyaux de ce lac enchanté.

Une large promenade, alignant cafés, restaurants et glaciers, y fait bon ménage avec un petit port où d'antiques bateaux de charge jouissent là d'une retraite bien méritée.

Et pour les personnes munies de portefeuilles bien garnis, Bellagio offre aussi le confort de l'hôtel Serbelloni, une ancienne villa transformée en palace.

Parmi les opulentes maisons de campagne nichées au milieu d'une végétation particulièrement exubérante, la villa Melzi occupe un rang de choix pour sa situation exceptionnelle au bord de l'eau et son parc splendide, orné de bassins, de statues, d'arbres rares, de buissons multicolores, de souvenirs archéologiques, et d'un très joli kiosque où Franz Liszt vint puiser l'inspiration.

Au revers de ce coin riant, s'ébauche le bassin de Lecco, dont l'aspect sauvage contraste singulièrement avec les deux autres.

C'est sous le vieux pont de Lecco que le seul émissaire du lac entame sa route vers le Pô.

Quant à nous, deux petites églises retiendront un instant notre attention. Tout d'abord celle de Lasnigo, avec un intérieur tapissé de fort belles fresques, dues à un peintre de Torno dont on conserve le nom car l'une d'elles est signée et datée : Andrea de Passeri 1547.

Mais l'arc triomphal encadrant l'abside attire lui aussi le regard pour les figures remarquables de fraîcheur qui en garnissent la voûte.

La seconde église, située sur une langue de terre où s'est établi Mandello, est le sanctuaire de la Madonna del Fiume, un petit bijou du baroque lombard dont l'intérieur est enrichi par des dorures, des fresques et des tableaux, qui forment un ensemble comptant parmi les plus heureux de la région.

Torno

À propos de Fiume, signalons que le Fiumelate, blanc comme du lait, présente la singularité d'être avec ses 250 mètres de long, le torrent le plus court d'Europe.

Un peu plus loin, le village de Corenno Plinio garde, sur une place, les trois tombes gothiques en marbre des comtes Andreani, morts au XIVe siècle.

Et nous sommes à l'abbaye de Piona, construite il y a bien longtemps par les moines de Cluny, dont le joli cloître du XIIIe siècle, alliant deux styles, aligne plus de quarante colonnes portant des chapiteaux finement travaillés.

Peu après, nous voici parvenus à l'entrée de la Valteline, vallée d'où arrive l'Adda, l'un des deux principaux affluents du lac, l'autre étant la Mera venant du col de la Maloja et arrosant Chiavenna, carrefour d'importantes routes alpestres dont la plus audacieuse est celle venant du Splügen, un col souvent glacé où prospèrent pourtant de charmantes fleurs alpines.

Tout en virages, cette route ne sort d'un tunnel que pour entrer dans un autre.

Brienno

Le flot rapide de la jeune Mera, après avoir salué le vénérable oratoire Saint-Fidèle, vieux de mille années, et traversé le lac de Mezzola, d'une belle teinte émeraude, n'est plus qu'un courant paisible lorsque la rivière s'apprête à faire la connaissance du Lario, là où il se termine en façonnant un paysage d'une austère beauté, qu'affectionnent tout particulièrement certains touristes s'arrêtant dans les pittoresques

Route du Splügen

Chiavenna

maisons des localités avenantes, qui n'en finissent pas de défiler le long d'un rivage de plus en plus peuplé, de plus en plus animé.

Monument le plus illustre de Gravedona, l'église Sainte-Marie-du-Tilleul, a pour origine un baptistère élevé à partir du Ve siècle.

Déjà apparaît Dongo, gros bourg industriel s'étalant au bord d'une rade jouissant d'un panorama s'étendant jusqu'au Monte Legnone.

Sainte-Marie-du-Tilleul

Fresque du Ve siècle

Gravedona

C'est à l'entrée du tunnel de Dongo que se leva le rideau sur le dernier acte du régime fasciste. C'était le 27 avril 1945. Mussolini, Clara Petacci et quelques fidèles essayaient de gagner la Suisse, lorsqu'ils furent capturés.

Tous furent conduits au palais Manzi (l'hôtel de ville) et gardés à vue dans une des salles, qu'on a prétendu être le salon d'or (ce qui n'est pas certain).

Toujours est-il que, vers 17 heures, soucieux de dissimuler le Duce et sa compagne aux Américains qui n'étaient pas très loin, quelques partisans les embarquèrent pour le village de Germasino, perché sur les hauteurs dominant la ville et le lac.

Là, ils les cachèrent pendant plusieurs heures dans une maison discrète.

Le lendemain, quinze des compagnons de Mussolini tombaient, fusillés, devant une balustrade au bord du lac. Mais entre-temps, vers minuit, le Duce et Clara avaient été transférés à Mezzegra, traînés par une ruelle jusqu'à la grande bâtisse d'un certain Giacomo de Maria, tapie au fond de la via del Rial, et enfermés dans une chambre du deuxième étage, où ils passèrent leur dernière nuit.

Au petit matin du 28 avril, ils furent conduits devant une propriété dont le portail porte encore le numéro 14. C'est là,que, l'un après l'autre, l'ancien maître de l'Italie et sa compagne furent abattus... C'était le 28 avril 1945...

Salon d'or, palais Manzi
Maison de Giacomo de Mario

Endroit où fut abattu Mussolini

Palais Feltrinelli

Villa del Olmo

Après cet intermède un peu macabre, reprenons notre visite du Lario en traversant Menaggio, une localité fort active, située dans un beau cadre panoramique, qu'un formidable éperon rocheux sépare de la Tremezzina, une contrée privilégiée pour la douceur de son climat, renommée pour la succession ininterrompue de somptueuses propriétés dont les élégantes villas se prélassent au milieu de jardins enchanteurs, où la flore méditerranéenne, la végétation subtropicale et les sombres conifères s'élancent au-dessus des tapis de gazon. Les plus riches étant incontestablement les villas Ronconi, Bonaventura et Giuseppina.

Mais c'est la Margherita qui retiendra plus spécialement notre attention, car c'est dans ce décor prestigieux que Verdi aimait rêver et travailler, lorsqu'il était en train de composer son opéra *la Traviata.*

Quant à l'imposante villa Maria, elle s'élève au voisinage d'une promenade bordée d'hôtels qui, malgré leur capacité, éprouvent souvent de réelles difficultés pour loger les visiteurs du plus illustre des domaines comasques : la célèbre villa Carlotta, une ancienne et fastueuse résidence secondaire, à laquelle on accède par un double perron offrant une vue idéale sur l'entrée principale que ferme une magnifique grille en fer forgé.

C'est à la duchesse Charlotte de Saxe-Meiningen, qui l'avait reçue en cadeau de mariage, que la luxueuse demeure doit son nom de Carlotta. Plusieurs pièces y sont ornées de superbes plafonds rouge et or en style pompéien, et le grand salon est parcouru par une longue frise de marbre, d'une valeur inestimable, qui représente l'entrée triomphale d'Alexandre le Grand à Babylone, exécutée au début du siècle dernier par le sculpteur danois Thorwaldsen.

Plusieurs œuvres d'art décorent la salle, notamment *la Madeleine pénitente*, *l'Amour nourrissant deux colombes* et une jolie copie de *l'Amour et Psyché* de Canova, qui fit apparemment plus d'effet à notre Gustave Flaubert qu'au bel ange penché sur la mignonne !

Alors que le parc à l'italienne, aux arbustes soigneusement taillés par le sécateur des jardiniers, date des Sommariva, le jardin à l'anglaise, exaltant chaque printemps ses incomparables floraisons multicolores, est celui que firent dessiner les Meiningen, qui créèrent également l'extraordinaire "vallée des fougères" ressemblant à s'y méprendre à un coin de forêt amazonienne, tellement la végétation y est abondante et vigoureuse, tellement la nature y est fidèlement calquée.

Villa Carlotta

Villa Carlotta

San Lorenzo, un fort bel édifice de facture assez moderne, au revêtement fait de bandes en pierre bicolores, et montrant une élégante rosace ainsi qu'un tympan de toute beauté dont les motifs se détachent en relief, précède une villa de vastes dimensions, environnée par un parc verdoyant, qui sert d'avant-propos à une

Jardin de la villa Carlotta

La Quiete

Petit train, vallée de Centovalli

autre construction aristocratique, la "Quiete", aujourd'hui fermée au public parce que sa défunte propriétaire, la comtesse Cabiati, n'avait pas été réélue maire du village.

Autre genre d'architecture s'élevant à la limite sud de la Tremezzina, la villa Pessina dresse sa charmante tour dans le ciel d'un golfe qu'on a appelé "le golfe de Vénus", mais qu'une curieuse machine doit arpenter en tous sens, afin de le débarrasser journellement des détritus flottants.

C'est ici que la firme Abbate a cru bon de fabriquer les canots automobiles les plus rapides du monde, des engins bruyants dont les fulgurantes évolutions animent un peu trop souvent un site respirant la paix, où tout semblait pourtant réuni pour que le calme y règne à tout jamais !

Visible d'une tonnelle fleurie, la pointe Balbianello porte la villa où l'écrivain Silvio Pellico séjournait à la veille de son arrestation, en octobre 1820.

Une dernière thébaïde dont le bassin rappelle celui de Grenade,

Villa Pessina

et nous voici parvenus en face de la Comacina où se terminera notre itinéraire le long du Lario. Cette partie de la côte, appelée "pieve d'Isola", nous offre l'aimable vision de deux ravissantes églises : celle de San Giacomo, avec la gracieuse silhouette ajourée de son clocher rustique, et la Maddalena, dont le fin clocher roman est coiffé d'une charmante architecture gothique, délicatement ouvragée, qui fait de lui une curiosité très photogénique et très photographiée, à l'ombre de laquelle les *mammas* aiment à s'asseoir pour tailler une petite bavette !

La Comacina, la seule île de ce lac, n'a pas toujours connu la paix d'aujourd'hui. Elle était une puissante commune lorsqu'éclata la guerre entre Côme et Milan, et fit alors ce qu'on appelle "le mauvais choix", ce qui lui valut, en 1169, de terribles représailles de la part des Comasques qui l'attaquèrent et la ravagèrent de fond en comble, n'y laissant qu'un désert.

Aujourd'hui, la Comacina ne porte plus que des ruines, et un restaurant typique où Benvenuto, en préparant le café, célèbre chaque jour le rite du feu, pour combattre la malédiction qui avait été lancée contre l'île en 1169.

Pourtant, une fois par an, l'île et la côte s'animent pour fêter la Saint-Jean, ce qui donne lieu à une procession lacustre sur les grandes barques d'autrefois, joliment décorées, où embarque la foule des villageois en costumes traditionnels, pour se rendre à une messe célébrée au milieu des vieilles pierres.

Un instant de réjouissance populaire qui terminera cette petite visite du lac de Côme.

Église de la Maddalena

Madonna del Sasso

Locarno

Chapitre V

Le lac Majeur
et
les lacs de Lugano, d'Orta et de Varese

Avec ses 65 kilomètres de longueur, le Verbano, ou lac Majeur, est le plus long des lacs lombards et, aussi, l'un des plus profonds.

Il est alimenté, au nord, par le Tessin, qui a donné son nom au canton, et par la sauvage Maggia, dont le lit, plein d'éboulis, occupe une surface disproportionnée au volume d'eau.

Nous commencerons notre visite circulaire par Locarno et son emblème, la fameuse Madonna del Sasso, dont la célèbre silhouette domine la ville.

Édifiée sur la hauteur, ses murailles de briques jaunes et sa fine colonnade forment le plus séduisant des tableaux, illustrant toutes les gravures et toutes les cartes postales de la cité.

Les plafonds de l'église sont brillamment décorés, et, dans la cour, une *Cène* très réaliste, représentant le Christ et ses apôtres en bois sculptés, attire les regards, qui se reportent bien vite vers l'élégante terrasse, d'où l'on profite d'une vue merveilleuse sur le lac et l'agglomération locarnaise dont les quartiers centraux se prolongent par d'interminables faubourgs.

Suisse depuis 1513 et principal centre économique et touristique de la région, Locarno est tête de ligne du chemin de fer des Centovalli, desservant une trentaine de kilomètres de vallées, le village-frontière de Camedo, et se déployant jusqu'à Domodossola en Italie, établissant ainsi la plus courte liaison entre les lignes du Saint-Gothard et du Simplon.

La ville est également un carrefour où convergent plusieurs longues vallées alpestres qui ont gardé leur aspect primitif, avec leurs oratoires semés le long des routes, leurs

Cannero

Carcan

pittoresques villages aux très vieilles maisons de granit brut, blotties les unes contre les autres, parfois décorées de fresques religieuses, et habitées par des populations moutonnières, soumises, mais assez ouvertes, qui désertent de plus en plus leurs terres ingrates pour s'en aller chercher fortune à la ville.

Pourtant ces gens ne sont pas affligés de quelque fainéantise chronique, bien au contraire. Partout où il y a quelque chose à tirer de l'eau, du sol ou des touristes, on les voit attelés à la tâche, comme dans ce vallon où ils s'activent à draguer la rivière pour en extraire galets et graviers, afin de les réduire en sable. Un sable qui est expédié par camions entiers aux quatre coins du pays, car il est recherché, non seulement pour réparer ce que l'hiver et les intempéries endommagent, mais aussi pour restaurer toutes ces vieilles baraques délabrées, usées jusqu'à la corde, que les citadins achètent par snobisme pour les transformer en résidences secondaires. Masures souvent plantées dans des endroits si inaccessibles qu'on ne peut les ravitailler qu'en utilisant les services de fils aériens.

Le pretorio, Cevio

Mais voyons ensemble quelques-uns des monuments et paysages les plus caractéristiques de ces vallées, et tout d'abord l'originale *Danse macabre* de l'église de Cevio, l'antique chef-lieu du val Maggia qui conserve sa maison des baillis, le *pretorio*, montrant une belle façade ornée de médaillons multicolores représentant des armoiries, des allégories et des sujets religieux.

Un peu plus loin, Sornico est un lieu assez austère où se groupent quelques maisons, parmi lesquelles se distingue l'ancien tribunal des féroces baillis suisses qui y torturaient à tour de bras pour un oui ou un non.

Encore bien visible, un carcan d'autrefois, un anneau de fer qui étranglait à moitié le malheureux soupçonné d'une peccadille. Lequel, agenouillé sur une pierre proéminente, était contraint de rester pendant des heures et des heures dans cette position douloureuse et humiliante.

Mais revenons à des choses moins attristantes en nous attardant un instant devant un extraordinaire coin de rivière, dont les rochers bizarrement polis par le

Village et vieille grange à fourrage, vallée de Centuvalli

Train des Centovalli

courant, servent d'assises aux deux arcades du pont des Salti, une très vieille construction, d'un modèle peu banal, je dirais même rarissime.

On reste frappé aussi par la clarté et le vert intense des eaux, partout si pures.

Beaucoup plus haut, ce sont les troupeaux qui impriment la vie au paysage et lui confèrent un charme bucolique.

Transportons-nous maintenant au sein d'une contrée moins aimable, pour retrouver le caractère plus prosaïque des œuvres humaines, au Ponte Oscuro du val Onsernone, où un double viaduc, audacieux, insolite et à peu près unique en son genre, est édifié au confluent de deux vallons.

Et pour terminer notre bref survol de l'arrière-pays tessinois, suivons un instant le train bleu remontant les Centovalli, car nous avons encore deux ou trois petites choses intéressantes à voir, dans cet univers un peu chaotique où alternent beautés naturelles et ouvrages d'art, nécessités surtout par le redoutable danger que présentent les torrents.

Dans cette longue échancrure, route et rail sont contraints de s'aggriper à mi-hauteur, de décrire une foule de détours, de se glisser à chaque instant sous des éperons rocheux et de sauter constamment par-dessus les ravins.

À peine avons-nous dépassé la localité d'Intragna et sa dernière habitation, une jolie maisonnette fleurie qui sourit au bord de la route, qu'un sentier

Village d'Intragna

raboteux nous tend les bras pour nous descendre jusqu'aux rochers de granit avoisinant le vénérable pont de pierre, jeté à 33 mètres au-dessus de la rivière par des Romains dont seize siècles nous séparent.

Que pouvaient-ils bien chercher, ces gens du Sud, dans ces vallons pittoresques mais déshérités ? On se le demande, car, de tous temps, la vie dans ces hameaux suspendus au flanc des montagnes ou perchés sur d'étroites terrasses fut rude et précaire.

Pont de Salti

Sornico, maison des baillis

Aujourd'hui encore, ceux qui s'y accrochent y peinent toute l'année.

Les ponts ne manquant point dans cette région accidentée, il est intéressant de comparer Les arcs élégants d'autrefois avec les actuels ponts de béton.

Heureusement, il nous reste à contempler le spectacle rafraîchissant d'un des lacs artificiels, dont les eaux claires, aux nuances merveilleusement belles et indéfinissables, sont le refuge de savoureuses truites de montagne, rapides comme l'éclair.

Mais laissons notre sympathique petit train bleu poursuivre sa route vers d'autres horizons et, après cette parenthèse montagnarde, regagnons bien vite le lac Majeur.

La Tresa à Luino

Lugano

Fresque de Bernardino Luini

C'est à Luino, sur la rive lombarde, que nous le retrouvons et faisons connaissance avec l'église Saint-Pierre-de-la-Campagne, où le grand peintre Bernardino Luini, probablement né dans la ville entre 1475 et 1480, a laissé une de ses œuvres : *l'Adoration des Mages*, une délicieuse composition aux couleurs douces, et empreinte d'une certaine intimité familiale.

C'est à Luino que la Tresa mêle ses eaux à celles du Verbano. Il suffit de la remonter pour atteindre le Ceresio ou lac de Lugano, veillé par le San Salvator, s'élançant vers le ciel comme un pic des Dolomites et dominant un paysage où la grandeur alpestre se tempère d'une charmante douceur méridionale.

Encore tout émerveillé par l'immense panorama, le regard plonge maintenant sur Lugano, la plus importante et la plus belle des villes du Tessin, agrémentée par un magnifique quai-promenade déployant l'harmonieuse courbe de ses ombrages jusqu'à Paradiso et alignant, sur plus de deux kilomètres, des grands immeubles, généralement cossus, des hôtels hors de prix, des magasins élégants, et, bien entendu, d'innombrables banques respirant la santé !

De caractère nettement italien, le centre est toujours très animé, et le vieux Lugano existe toujours, avec ses ruelles à arcades, ses étalages débordant des boutiques, et son église Sainte-Marie-des-Anges, si insignifiante d'aspect mais dont l'intérieur est un émerveillement, car on y découvre soudain la plus grande oeuvre d'art du Tessin, une immense fresque de la *Crucifixion*, un véritable décor d'opéra comportant plus de cent personnages, peint par un élève de Léonard de Vinci, le fameux Bernardino Luini. Il y a laissé également d'autres compositions éminentes, comme le *Saint Sébastien*, où l'artiste prouve qu'il savait aussi peindre des nus, et une *Cène* exprimant l'admiration qu'il éprouvait pour son maître.

Marchand à Cannobio

Mais quittons la "reine du Ceresio" où, juste en face, de l'autre côté du lac, l'enclave italienne de Campione, patrie des artistes qui furent les principaux maîtres d'œuvre de la cathédrale de Milan, peut faire l'objet d'une visite si l'on a quelques sous à risquer dans son casino. Sinon, il est préférable, à mon avis, de faire un tour jusqu'à Gandria, un village pittoresque s'élevant à la verticale du lac, qui atteint là sa plus grande profondeur - 279 mètres -, et dont les maisons sont si serrées que seuls quelques escaliers et ruelles en permettent l'accès.

Gandria

Dans un autre bassin de ce lac tortueux qui, comme celui des Quatre-Cantons, lance ses ramifications dans toutes les directions, Morcote, adossé à la montagne, s'allonge voluptueusement au soleil.

Mais il est temps de traverser le détroit de Lavena, pour suivre l'unique émissaire du Ceresio, l'impétueuse Tresa, en route vers le lac Majeur, que nous avons le plaisir de retrouver à Portovaltravaglia, petite localité tranquille établie autour d'un square planté d'araucarias, ces beaux arbres originaires du Chili.

Continuant vers le sud, nous passons bientôt devant le Sas Galett, un grand rocher émergeant des eaux.

Et nous sommes en vue de Laveno, important centre de transit, possédant un ravissant petit port de plaisance où stationnent, bien sûr, quelques coques de plastique modernes et insignifiantes, mais aussi, ce qui en fait tout le charme, bon nombre de ces gracieuses embarcations qu'on appelle *lucia* dans le pays.

Portovaltravaglia

Sas Galett

Située juste en face d'Intra, localité industrielle étalant sa majestueuse façade sur la rive piémontaise, Laveno est reliée à cette ville par un service rapide de bacs à moteur. Faisant passer les véhicules d'un bord à l'autre du lac en moins de 20 minutes, lorsqu'il n'y a pas trop d'affluence, il leur évite un parcours routier de 72 kilomètres, mais coûte une somme assez rondelette, méritant tout de même sérieuse réflexion avant de s'engager, surtout si l'on n'est pas spécialement pressé.

Varese, hôtel de ville

Quelques lieues séparent Laveno de Varese, cité renommée pour son splendide jardin public de style italien, bien ordonné, aux arbustes toujours impeccablement taillés, qui était autrefois le parc du palais ducal dont les murs abritent maintenant l'hôtel de ville.

Toute la contrée est dominée par le Campo dei Fiori, village hautain planté à plus de 1 200 mètres d'altitude, auquel on accède en passant devant le Sacro Monte, un ensemble d'une quinzaine de chapelles précédées de portiques, élevées à partir du XVIIe siècle, dont l'une d'entre elles exhibe une peinture naïve représentant la Sainte Famille en route vers on ne sait quelle destination.

Une fois de plus, nous voici revenus au bord du Verbano, devant le sanctuaire de Santa Catarina del Sasso, dont les puissantes assises s'agrippent à l'extrême bord d'une falaise plongeant à pic dans le lac.

Gravedona

EXCELSIOR

Chartreuse de Pavie

Pont couvert de Pavie

À l'intérieur, un beau vitrail et quelques fragments de fresques animent une église et un petit cloître, aujourd'hui désertés par les moines.

Suit, à peu de distance, l'énorme masse du château d'Angera, où naquit Charles Borromée, neveu d'un pape : une bonne chose qui valut à ce garçon d'être, à 22 ans, cardinal-archevêque de Milan.

Il fut canonisé, car il avait travaillé à redresser la discipline ecclésiastique et s'était illustré lors d'une épidémie de peste. Mais il se distingua aussi en faisant brûler vives des dizaines de soi-disante sorcières, ce qui est certes moins glorieux pour un saint !

Arrivés à l'extrémité de la rive lombarde, nous avons devant nous, défilant sous le double pont métallique de Sesto Calende, l'unique émissaire du lac Majeur, le Tessin, qui le quitte à cet endroit en formant une rivière déjà importante dont les nombreuses sinuosités laissent à penser qu'elle cherche sa voie, à travers les champs de batailles de Turbigo et de Magenta, ensanglantés par Napoléon III et ses comparses.

Mais peut-être cherchait-elle tout simplement à repérer la Chartreuse de Pavie, afin de faire une révérence à cet incomparable monument, dont la riche façade en marbre blanc fait l'admiration de tous les amateurs d'art.

Pourtant le Tessin ne s'y arrête pas puisqu'on le retrouve en ville, sous le pont couvert, une bizarrerie dans ce coin où il ne pleut guère, où il ne neige jamais !

C'est là qu'il rencontre le grand fleuve nourricier de l'Italie, le Pô, à qui il confie ses flots jaunes pour les porter jusqu'à l'Adriatique.

Sanctuaire de Santa Catarina del Sasso

Statue de St Charles Borromée

Maisons suspendues, Bassin de Brissago

Revenus au lac, faisons halte sur une colline d'Arona, où se dresse une statue colossale représentant saint Charles Borromée.

Érigée sur un socle de 12 mètres, elle ne mesure pas moins de 23 mètres, ce qui équivaut à la hauteur d'un immeuble de douze étages - beaucoup de métal et bien du travail pour un résultat assez médiocre !

Et maintenant, jusqu'à Stresa et même au-delà, c'est, au bord de cette immensité bleue, le défilé ininterrompu des grandes villas, noyées dans la reposante fraîcheur de leur parc.

Devant nous s'étale à présent le golfe de Stresa où semblent flotter les îles qui lui confèrent une célébrité universelle : l'Isola Bella, l'île des Pêcheurs et l'Isola Madre.

Renommée pour la splendeur de son site, ses rangées de magnifiques palmiers, ses parterres fleuris et ses hôtels confortables, Stresa fut, au temps du tourisme d'élite, la villégiature préférée de l'aristocratie et même des têtes couronnées !

De nos jours, et durant tout l'été, l'embarcadère de Stresa est littéralement envahi par la clientèle des voyages organisés, car il est le point de départ consacré pour la rituelle visite des trois îlots qui font la gloire et la fortune de la station.

Îles Borromées

Stresa

Stresa

Première étape : l'Isola Bella, la plus fameuse, un ancien écueil que les Borromée du XVIIe siècle métamorphosèrent à grands frais, y faisant surgir des jardins babyloniens, gardés par un fastueux palais, rempli de nombreuses pièces copieusement décorées et bien meublées, comme le salon des médailles, dont la corniche est agrémentée de médaillons dorés, l'antichambre rose, surabondamment plaquée de stucs, la salle de Napoléon, appelée ainsi parce que Bonaparte y coucha deux fois, et la salle du trône, abritant le siège du vice-roi de Naples, Charles IV Borromée.

Barques de pêcheurs

Un peu rassasiés de baroque, repartons vers d'autres cieux !

Cette seconde étape, très différente de la précédente, nous dépose sur l'Isola Superiore, autrement dit l'île des Pêcheurs, ainsi nommée parce qu'elle constituait autrefois un petit monde à part, le domaine d'une population simple, sans ambition, presque uniquement occupée à la pêche, et dont quelques barques somnolentes rappellent le bon souvenir.

Aujourd'hui, l'existence d'hôtels et de restaurants prouve qu'on y vit beaucoup plus de l'argent des touristes que de la vente du poisson.

Pourtant, nulle part ailleurs on ne voit de ruelles si étroites, si calmes et si proprettes, toutes bordées de maisons dont les toitures sont astucieusement équipées de plates-formes où il fait bon bavarder en se laissant caresser par la brise.

Bateau à Stresa

Il nous restait encore à visiter l'Isola Madre, nous y voici !

C'est la plus grande île du golfe et elle appartient également aux Borromée, qui y créèrent un parc où les terrasses fleuries offrent une vue féerique, où les bananiers voisinent avec les essences les plus rares, où de gigantesques cocotiers ombragent la chapelle familiale.

Revenus sur la rive piémontaise, nous faisons connaissance avec Baveno, une station climatique et balnéaire qui accueillit un véritable gotha d'hôtes de marque : deux souveraines, la dernière tsarine et le musicien Richard Wagner.

La localité compte naturellement de nombreuses villas, parmi lesquelles se distingue la Fernet-Branca, en granit rouge du pays, où séjournèrent, en d'autres temps, la reine Victoria d'Angleterre et un prince impérial allemand.

Baveno est connue aussi pour son granit rouge et blanc dont la renommée s'étend bien au-delà de cette région où l'on dit que "celui qui construit en granit,construit pour l'éternité".

Ce matériau particulièrement dur est extrait de carrières perchées au flanc des montagnes voisines qu'elles rongent chaque jour davantage, y creusant de profonds sillons visibles de loin.

À l'extrémité de la baie, le village de Feriolo, qui, à deux reprises, s'effondra en partie dans le lac, est dominé par le Montorfano, cachant l'un des plus beaux exemples d'architecture romane du Piémont, l'église San Giovanni dont les murs de granit remontent au XIe siècle.

De la route, on découvre un large pan du lac de Mergozzo, jadis relié au lac Majeur.

Travail du granit

Isola Superiore - l'île des pêcheurs

Cascade Toce

L'un des principaux affluents du Verbano est la Toce, dont l'étoile de première grandeur est une imposante cascade ayant la particularité de ne fonctionner que le dimanche !!! Car les autres jours, on lui coupe les vivres, pour fabriquer du courant !

Plus bas, la Toce accueille l'émissaire du lac d'Orta, un autre joyau d'azur s'étendant sur plus de treize kilomètres de longueur.

D'intéressants monuments jalonnent ses rives, comme la petite église de la Luzzara, du Moyen Âge, dont la façade, surmontée d'un menu clocher ajouré, est ornée de fresques datant du XVe siècle, l'importante et curieuse maison Nigra dont la façade de droite comporte deux galeries superposées, et celle du milieu deux corps de bâtiments dont l'asymétrie est plaisante. Ainsi que d'innombrables propriétés précédées de beaux portails ou gardées par le lion de Venise, dont la plus surprenante est sans conteste l'opulente villa Crespi, de style mauresque très ouvragé, qui est surmontée d'un minaret permettant à l'heureux maître des lieux d'avoir une vue dégagée sur la baie et le promontoire d'Orta. Le sommet de celui-ci est occupé par un Sacro Monte d'une vingtaine de chapelles sommeillant à l'ombre d'une forêt qui domine la localité qui a donné son nom au lac : Orta, un petit bourg tranquille ne comportant guère qu'une longue place où se tiennent les auberges et les magasins.

Port de Cannobio

Rue à arcades à Cannobio

Orta

Chaire en serpentine de l'église San Giulio - lac d'Orta

Un escalier pavé de galets, y débouche en face du *municipio*, une gentille construction d'autrefois, aux peintures un peu fanées.

Regardant le centre historique de la région, l'île de San Giulio se mire dans les profondeurs du lac.

Deux constructions y attirent l'œil : le séminaire, et la légendaire basilique dont l'intérieur baroquisé a de quoi surprendre. Mais on y trouve pourtant ce qu'on est venu y chercher, son extraordinaire chaire romane en serpentine, assise sur quatre fines colonnes, un ensemble considéré comme étant absolument unique en son genre.

Ces différentes excursions seront nos dernières infidélités au lac Majeur, que nous retrouvons à Pallanza, ville très fréquentée par les étrangers car elle est admirablement bien située, face aux îles Borromées, et offre toutes commodités de logement. Les hôtels sont particulièrement nombreux à s'aligner le long d'une belle promenade dont les pelouses sont agrémentées de magnifiques palmiers fleuris et de lauriers-roses aux vives couleurs.

Lac d'Orta - île de San Giulio

Les environs de la ville, parsemés d'élégantes villas blotties au sein d'une nature généreuse mais parfois un peu trop asservie au goût de leur propriétaire, offrent l'avantage de pouvoir visiter plusieurs jardins, autrefois très fermés et qui sont aujourd'hui largement ouverts au public, comme ceux de la villa San Remigio, établis au flanc d'une colline dont les terrasses sont enrichies de bassins, de groupes allégoriques, de buis taillés, de parterres garnis de fleurs multicolores gardées par des statues et des vases de marbre voisinant avec d'étranges végétaux exotiques.

Un peu plus loin, c'est un véritable festival d'arbres, de plantes et de fleurs qui magnifie les vingt hectares de la villa Taranto.

Villa Taranto

Villa San Remigio

Villa Fernet Branca

Isola Bella

Mais que cette féerie ne nous empêche surtout pas de jeter un coup d'œil sur la petite île de San Giovanni, qu'affectionnait le célèbre Toscanini qui venait quelquefois y passer ses vacances.

Avant de quitter Pallanza, il ne faut pas manquer, non plus, de pénétrer dans l'église de la Madonna di Campagna, édifiée au XVIe siècle dans le style de Bramante, car on a le plaisir d'y découvrir un remarquable ensemble de fresques, peintes par plusieurs artistes pour célébrer la gloire des anges et de la Vierge.

À quinze kilomètres, Cannero est une agréable station d'été, dont les blanches maisons se groupent sur un promontoire, et qui cache un adorable petit *portello*, tout à fait romantique, où l'on se prend à rêver à l'époque lointaine des Malpaga, les châteaux des frères Mazzarditi, cinq féroces bandits qui se rendirent coupables d'innombrables forfaits.

Château Mazzarditi

Madonna del Sasso

Cannero, petit portello

Aujourd'hui ruinées, ces anciennes forteresses ne font plus peur à personne, bien au contraire, on y vient plonger et pique-niquer.

Encore un bout de route, et Cannobio, la dernière localité italienne de cette rive nous accueille aimablement.

Une bien pittoresque bourgade que cette Cannobio !

Sous de fraîches arcades, où s'alignent les échoppes garnies de babioles à touristes, vont et viennent les badauds et ceux qui en vivent, et les maîtres ferronniers sont encore très nombreux, dans toute cette contrée, à pratiquer avec cœur un art qui disparaît peu à peu de chez nous.

La frontière franchie, le bassin de Brissago est devant nous, s'étendant jusqu'à Ascona, la dernière localité que nous visiterons avant de revenir à notre point de départ.

Ascona compte deux monuments dignes de retenir l'attention des passants curieux que nous sommes : d'une part la maison des Serodine, construite par le *cavaliere* de même nom, peintre, architecte et sculpteur du XVIIe siècle qui réussit là, disent certains, la plus belle façade baroque du Tessin et, d'autre part, le beau cloître à deux étages du collège Papio, dont Charles Borromée dirigea la construction en la faisant exécuter par son propre maître d'œuvre, Pellegrino Pellegrini.

De retour à Locarno, et parvenus au terme de ce voyage, il me reste, chers lecteurs, à vous remercier de votre attention.

Barque de pêcheurs sur le lac Majeur

Itinéraire de quinze jours au bord des lacs

1 620 km, au départ de Cannero

Isola Madre

La Madonna del Sasso

Premier jour

CANNERO - CASCADE DE LA TOCE - CANNERO

273 km

- 7 km : Cannobio - Valle Cannobina
- 43 km : Cremona di Saló
- 38 km : Cascade de la Toce
- 57 km : Malesco
- 10 km : frontière
- 21 km : Intragna
- 9 km : Versio - Valle Maggia
- 21 km : Cevio
- 25 km : Locarno - Ascona
- 25 km : Cannero

Logement à Cannero (hôtel Park Italia conseillé).

Deuxième jour

CANNERO - MACUGNANA ORTA - CANNERO

165 km

- 21 km : Fondotoce
- 20 km : Vogogna
- 30 km : Macugnana
- 23 km : Cuzzago
- 9 km : Gravellona
- 6 km : Omegna
- 12 km : Orta
- 23 km : Fondotoce
- 8 km : Intra
- 13 km : Cannero

(Logement à l'hôtel Park Italia)

Troisième jour

CANNERO - PALLANZA - CANNERO

72 km

- 36 km : Pallanza (visite des villas San Remigio et Tarento)
- 36 km : Cannero

(Logement à l'hôtel Park Italia)

Quatrième jour

CANNERO - ÎLES BORROMÉES - CANNERO

58 km

- 20 km : Fondotoce
- 2 km : Feriolo
- 3 km : Baveno
- 4 km : Stresa - Visite en bateau de l'Isola Madre, de l'île des Pêcheurs et de l'Isola Bella
- 29 km : Cannero

(Logement à l'hôtel Park Italia)

Cinquième jour

CANNERO À MACCAGNO (Changement d'hôtel)

145 km

On quitte Cannero.

- 22 km : Feriolo
- 22 km : Colosse d'Arona
- 10 km : Sesto-Calende
- 6 km : Château d'Angera
- 19 km : Laveno
- 22 km : Varese
- 22 km : Laveno
- 16 km : Luino
- 6 km : Maccagno

Logement à Maccagno (hôtel Italia conseillé)

Sixième jour

MACCAGNO - LUGANO - LENNO (Changement d'hôtel)

87 km

On quitte Maccagno.

- 6 km : Luino
- 12 km : Ponte Tresa
- 19 km : Melide
- 4 km : Campione
- 9 km : Lugano - excursion au Monte San Salvator (avec le téléphérique)
- 8 km : douane
- 21 km : Menaggio
- 8 km : Lenno

Logement à Lenno (hôtel San Giorgio conseillé)

Septième jour

LENNO - ROUTE DU SPLÜGEN - LENNO

162 km

- 31 km : Il Passo
- 22 km : Chiavenna
- 26 km : Lac du Splügen
- 58 km : Gravedona
- 4 km : Dongo
- 21 km : Lenno

(Logement à l'hôtel San Giorgio)

Huitième jour

LENNO - BELLAGIO - COMO - LENNO

63 km

- 4 km : Cadenabbia - Bac pour Bellagio
- 31 km : Côme
- 28 km : Lenno

(Logement à l'hôtel San Giorgio)

Neuvième jour

CROISIÈRE EN BATEAU SUR LE LAC DE CÔME

(Logement à l'hôtel San Giorgio)

Dixième jour

LENNO - SALE (Changement d'hôtel)

259 km

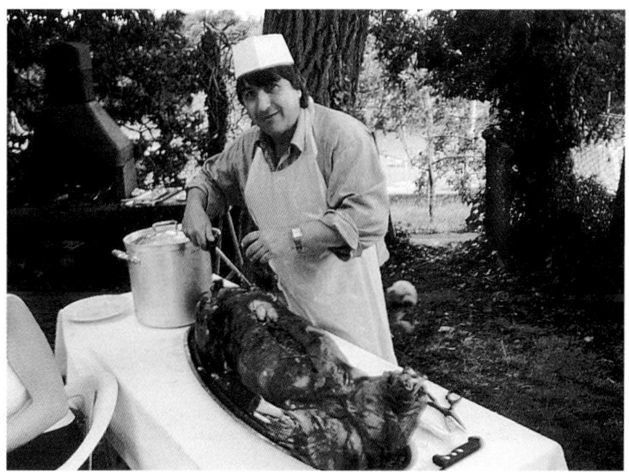

- 28 km : Côme
- 29 km : Lecco
- 22 km : Varenna
- 16 km : Abbaye de Piona
- 94 km : Edolo
- 57 km : Pisogne
- 13 km : Sale

(Logement à Sale, pas d'hôtel conseillé. Voir sur place)

Onzième jour

SALE - GARDONE RIVIERA (Changement d'hôtel)

111km

- 13 km : Pisogne
- 7 km : Lovere
- 25 km : Sarnico
- 10 km : Iseo
- 22 km : Brescia
- 34 km : Gardone-Riviera - visite du jardin Hruska

Logement à Gardone Riviera, voir sur place, pas d'hôtel conseillé.

Douzième jour

GARDONE - MALCESINE (Changement d'hôtel)

97 km

- 12 km : Gargnano : visite de la villa Feltrinelli
- 28 km : Riva
- 15 km : A & R Pregasina par la route du Ponale
- 6 km : Arco
- 7 km : Torbole
- 14 km : Malcesine

Logement à Malcesine, pas d'hôtel conseillé, voir sur place.

Treizième jour

MALCESINE - GARDA (Changement d'hôtel)

29 km

Repos, visite de la ville de Garda ou excursion à Verone.
Logement à Garda, pas d'hôtel conseillé, voir sur place

Quatorzième jour

GARDA - RIVA (Changement d'hôtel)

102 km

- 17 km : Peschiera
- 13 km : Sirmione
- 9 km : Desenzano
- 20 km : Saló
- 43 km : Riva

Logement à Riva (hôtel Lido Palace. conseillé)

Quinzième jour

CROISIÈRE EN BATEAU SUR LE LAC

Logement à l'hôtel Lido Palace.

Cet itinéraire est une simple suggestion de la part de l'auteur.
À faire avec votre propre véhicule, de préférence en mai-juin.

L'itinéraire démare à Cannero pour se terminer à Riva.

Vous devez donc joindre Cannero depuis le lieu de votre domicile.

Utilisez une bonne carte Michelin (publicité gratuite).

Bonnes découvertes !

TABLE

Crédit photos et dessins : Gérard PERTHUIS

Photogravure : Photogravure du Comtat - Avignon
Conception graphique : Marc Galéazzi

ACHEVÉ D'IMPRIMER
AOÛT 1999
SUR LES PRESSES DE L'IMPRIMERIE
A. BARTHÉLEMY
ANCIENNE MAISON DES OFFRAY
IMPRIMEURS EN AVIGNON
DEPUIS 1640

ISBN 2-87923-103-5

HORIZONS

EDITIONS A.BARTHÉLEMY